화살나무 곁에서

책 만 드 는 집
시인선 263

강인순 시조집

화살나무 곁에서

책만드는집

| 시인의 말 |

정형의 미학

율과 격, 사유와 성찰을 통한
무릎을 탁 칠 절창을 기대하면서
숱한 나날이 흘렀다.

시조는 예술이다.
알면서 이루지 못한 오늘이다.
부끄러움이 앞선다.
그러나 시조의 아름다움을 오래도록 사랑하고 싶다.

이천이십오년 여름날 하루
강인순

| 차례 |

5 • 시인의 말

1부   꽃, 그 너머에

13 • 나이
14 • 꽃, 그 너머에
15 • 그 밖의 것
16 • 봉평
17 • 사월리의 봄
18 • 어쩌지
19 • 바퀴를 굴리다
20 • 마령재의 저녁
21 • 기마 인물형 뿔잔에 대한 명상
22 • 그 바람인가
23 • 낡거나 오랜
24 • 북방의 구절초
25 • 사진 한 장 2
26 • 공방에서
27 • 겨울, 삼가리
28 • 열쇠
29 • 대낮
30 • 키오스크, 이 무슨

2부 화살나무 곁에서

33 • 술시쯤
34 • 화살나무 곁에서
35 • 칠칠 맞네
36 • 우여곡절
37 • 생일 때문에
38 • 붕어빵
39 • 그 남자
40 • 낡은 앨범
41 • 그해 여름
42 • 저 푸른 예감
43 • 봄의 핑계
44 • 없는 번호입니다
46 • 호박처럼
47 • 묵향
48 • 드라이플라워
49 • 짐
50 • 딴 돈 줄게
51 • 대화 4

3부 굽은 것이 살아 움직인다

55 • 자작나무에 부쳐
56 • 길 위에서
57 • 흔적
58 • 가을 견적
59 • 낙과
60 • 달애에서
61 • 굽은 것이 살아 움직인다
62 • 목판에 깃들다
63 • 꽃밥
64 • 성진골 벽화마을
65 • 아버지, 번호를 지우다
66 • 암각화를 읽다
67 • 산매골 새댁
68 • 선유도 호떡집
69 • 후투티에 관한 기억
70 • 나이테를 보다
71 • 처대부다
72 • 그러게 말이야

4부 발효 서설

75 • 발효 서설
76 • 한티재
77 • 거기, 두잔집
78 • 능소화, 늘
79 • 참 아름다운 시간
80 • 별리
81 • 풍경, 이팝나무가 있다
82 • 당신도 그렇지
83 • 상처
84 • 청령포
85 • 순자야 이사 간다
86 • 봄, 대체로 맑고 황사
87 • 너는, 그렇게 떠나고
88 • 달의 나날
89 • 시월, 어머니
90 • 소주
91 • 출출함에 대하여
92 • 어제, 헌책방

93 • 해설 _ 이경철

1부

꽃, 그 너머에

나이

하도 안 자라기에 다육인 줄 알았었다

웬만큼 자랐으면 그냥 있을 줄 알았다

비 온 뒤 죽순 자라듯 어느새 키 넘었다

꽃, 그 너머에

더러는 이름하여 사랑 혹은 눈물까지

섣불리 흥정 마라 짧은 봄은 간곡하다

낱개로 팔리지 않는 봄 그걸 쫓는 뻐꾸기

몸 틀며 새로 돋은 한 풍경 꽃 세상에

기운 비석 언저리 개망초 저도 한몫

보태어 한때 봄이듯 눈물쯤은 툭툭 털고

길 건너 현수막엔 봄맞이 할인 행사

들뜨고 웃어야 할 참 환한 봄날인데

체한 듯 가슴 쓰린 건 꽃 때문 아니다

그 밖의 것

살다 보면 내 삶에 그 밖의 것 무수하다

가끔은 거기 매달려 갈 길을 놓치기 일쑤

하루쯤 멈춰서 보면 눈에 띄는 흉터도 몇

데쳐도 살아나는 고들빼기 쓴맛 같은

어정쩡한 장단 따라 휘청이며 걸어온 길

도마뱀 꼬리 버리듯 내가 버린 그 밖의 것들

봉평

이 가을 짧은 햇살 죄다 부서지기 전

사랑한다, 몇 마디 툭 던져 보기나 하지

아직도 혼자였던가 메밀밭 언저리쯤

사월리의 봄

다 놓친 봄날 오후 기억 찾아 나선 아내

세월 젖은 사연만큼 산길도 굽어 있고

양지 녘 낡고 빈 교실 얼비치는 앳된 이십 대

사월의 사월리에는 그 봄 뻐꾸기 여태 능청

꽃잠 덜 깬 아이들이 받아 적던 그 봄인데

저만치 흩어진 이름 나직이 불러 모은다

어쩌지

비가 오는데도 어쩌지 하며 길 나서고

놓친 차를 보면서 어쩌지를 읊던 그날

이만큼 좀먹은 세월 아직도 뭘 어쩌지

바퀴를 굴리다

페달에 발을 얹고 낮달 좇는 나절 길 위

굴러서 닳은 만큼 세상 참 둥글어질까

땡볕도 더불어 굴러 그늘진 삶 데울까

풀꽃도 바퀴처럼 맨땅을 껴안은 채

차선 밖 그 틈새에 몸을 곧추세웠다

오뉴월 그을린 길섶 파란 불을 찾는다

마령재의 저녁

잃어버린 전설도 가을걷이하는 즈음

굽어진 산길마다 표정을 감추는데

재 넘는 낯선 불빛은 더딘 앞길 비추고

삶이란 몇 굽이의 가쁜 재를 넘는 것

내려다 바라보이던 그 한때의 눈부심

거두고 다시 펼치던 조바심의 좌판 옆

당산 마루 걸린 바람 아직은 다름없다

조심하거라 돌아봐라 걱정은 한결같아

걸어서 오르는 십 리 아직 남은 삶이다

기마 인물형 뿔잔에 대한 명상

내 삶의 반경 안에 손꼽을 몇이 있다

몇 잔의 술을 부어 함께 나눌 몇 있다

곤추선 세상의 시간 다독이는 어스름

느슨한 삶의 고삐 잔 속에서 다잡다가

엉뚱한 수작으로 서로의 말 베어 물어

놓치고 돌아선 눈빛 또 서로 그만 웃다

모두가 품고 있는 가슴속 긴 뿔 하나

풀어진 술잔 앞에 보란 듯 세워놓고

막막한 생의 광장에 말 달리는 꿈 꾼다

그 바람인가

지친 폭염의 오후 미안한 듯 바람 분다

경전을 읽고 가는 타르초의 바람처럼

담쟁이 목줄 흔들며 열심히 살라 한다

낡거나 오랜

다 해져 낡은 의자 길가에 버려졌다

앉거나 기대거나 겹겹 안식의 흔적

애썼다 누구도 말 없다 그래 나무였다

북방의 구절초
- 연해주에서

그리운 것 죄다 부르는 북방의 초가을 날

똑같다 낡은 한국 버스 시장터 고려인들

세월도 감춰둔 상처 구절초로 피는 오늘

들을수록 볼수록 마음 아픈 이곳저곳

낯선 듯하면서도 말 붙일 듯한 거리

먼 조상 마른기침 소리 눈물 섞여 들린다

사진 한 장 2

오래된 사진 속의 엄마는 예쁘셨네

온 식구 함께 찍은 한복 고운 운동회 날

일흔 해 그날의 얼굴 돌아보면 찡한 코끝

이제 생의 마디 관절염 저리 앓아도

뼈 닳은 숱한 사설 뒤뚱이며 웃어넘기며

이 저녁 한 장의 사진 마주 앉은 어제 생각

공방에서

못다 꿰맨 것들 나뒹구는 공방 한켠

툭하면 뒤집는 세상 여기도 다반사다

종이컵 아메리카노 식은 지 한나절쯤

쉬는 듯 살피는 듯 닳은 손끝 분주하다

해지고 널브러진 숱한 걱정 되깁는데

앞섶에 떨어진 시간 별인 양 주워 든다

겨울, 삼가리

옳거니 한세상도 물처럼 살면 어때

산그늘 이불처럼 작은 산을 덮는 시간

물가의 오리나무도 잠자코 지켜 섰다

몇 남은 잎사귀로 반추하는 저문 가을

따져보면 밑진 게 더러는 있겠지만

삶이란 빈 잔치 마당 너는 어쩔 셈인데

저 길 위 눈 내리면 뭐라고 글을 쓸까

그저 미안하다 죄송하다 잘 살았다

아니야 그게 아니고 내 나이 적으련다

열쇠

제 몸도 불편하신 분희 엄마 전화 왔다

무슨 일? 가슴 덜컹 비상이다 또 비상

할매가 집 열쇠 없어 집에 못 들어간다고

사십 리 밤길 달려 문 열어 드렸더니

유모차 앞머리에 찾던 열쇠 고스란히

아버님 먼 길에 서서 지켜보고 계실까

대낮
- 모두가 이름 있네

늘그막에 이름 석 자 꾸욱꾹 눌러쓰고

까막눈 서럽던 세월을 씻은 듯이 떨치고선,
심 봉사 눈 뜬 마냥 사방팔방 알리는데
세종임금 빼고 먼저 간 서방님은 물론,
아들, 딸, 언니, 동생, 손자까지 죄다
글 배우고 나니 세상 모든 것 이름이 있다면서

이보다 환한 대낮이 또 어디 있겠는가

키오스크, 이 무슨

온천 출입구 앞 두 노인 분주하다

"얄궂어래이 이레 된 거 첨 봤니더, 우린 할 줄 모르니더, 예전처럼 돈 내고 표 사면 되는 걸 왜 이레 바뀌났노"

"할매요, 한번 해보소 다음에는 쉽니더"

2부
화살나무 곁에서

술시戌時쯤

나이 좀 들었나 보다 뒷짐 지고 가는 걸 보니

자식은 몇일까? 나하고 동갑일까

그림자 휘청이면서 낙엽 밟는 술시쯤

화살나무 곁에서

먼지도 별난 하루 화살나무 새순 돋네

제때 맞추지 못한 숱한 과녁 향하는 듯

또다시 팽팽한 봄날 시위를 매만지네

어디로 쏘아댈지 네 맘 내 맘 다르듯이

한낮 치켜든 피켓 살려내라 아우성

무수히 쏴대는 화살 닫힌 창을 뚫고 있다

칠칠七七 맞네
-최북*

텅 빈 뒷산 기슭 꽃 피고 물 흐르는데

먹물로 키운 메추리 지금쯤 시를 쓸까?

붓으로 밥을 그리고 술을 빚던 칠칠이

삶의 늪 헤쳐나기란 그리 쉽지 않은 일

마흔아홉의 북풍은 매섭기 짝이 없는데

뒤엉킨 마음밭 갈아 곧추세운 저 기개

저버리는 내 눈을 어찌 가만 두었으랴

흔들리는 자존심을 숱하게 자책하며

뒤엎고 밤새 비워서 그제야 펴던 화폭

* 조선 후기의 개성적인 화가. 자는 칠칠七七.

우여곡절

출가는 무슨 개뿔 날마다 가출이다

경전 한 폭 펴지 않는 우여곡 절에 들다

생머리 싸매고 앉아 날밤 지새운 삶의 뒤란

풀어지면 뒤얽히고 허둥대던 미망의 시간

눈물 나고 발이 붓던 한때의 저녁 무렵

다시금 써보는 한 줄 인생이란 우여곡절

생일 때문에

처음 인사 갔던 날 말 없으신 장모님

생일이 같다는 말에 그제야 마음 푸셨다

그날이 벌써 사십 년 봉분 앞 올리는 한 잔

붕어빵

천 원에 세 마리 대설의 한낮 거리

눈은 내리지 않고 입김만 따라 짙어

한입 문 팥고물 온기 가슴에 퍼덕인다

뜨겁게 나눠야 한다 버릇처럼 되뇌지만

무엇을 데워야 할지 무뎌진 삶의 염치

봉투 속 붕어 몇 마리 구겨진 채 헤엄친다

그 남자

또 하루 글빚 쫓겨 책상 앞에 쭈그리다

식은 찻잔 언저리 연신 앉는 메시지

빈 하늘 끌어다 놓고 무딘 연필 깎는다

돌사탕 입에 넣듯 생각만 우물거리니

숱한 말 부스러기 나뒹구는 두어 평 서재

돌 밑의 가재를 잡듯 사전만 뒤적인다

낡은 앨범

푸른 벨벳에 싸인 육십 년을 열고 싶다

다 낡고 볼품없어 자주 손이 안 가지만

가끔씩 펼치는 날엔 다시금 철들게 해

백이 넘는 졸업생 중 단 한 명 육 년 개근상

울 엄마 너무 좋아 탁주 한 말 드렸다나

열두 살 오 리 길 뒤꼍 다시 젖혀 쓸어 담다

열나는 아들 업고 교실까지 갔었다는

자경문이 따로 없는 상 받은 앨범 한 권

무겁던 눈꺼풀마저 반쯤 뜬 오늘이다

그해 여름
- 또 바뀌었네

미용실이 떠나고 국밥집이 들어오더니

두 달 조금 지나 참칫집 문 열었네

빛나던 숱한 간판들 저토록 바뀌는 오늘

실려 가고 싣고 오는 안간힘의 도구들

돈 세다 잠들라던 꿈 치운 지 이틀인데

어쩌지 얇은 내 지갑 여름이 그저 춥다

저 푸른 예감
- 오죽烏竹

좀처럼 말이 없는 사나이를 보았다

발끝부터 머리까지 자존의 뼈를 심고

이따금 맑고 추워도 혀 깨물며 얼음 위에

무서운 게 사람이라며 왼고개 치던 그날

마른 댓잎 같은 입술을 씹어가며

다시금 큰 붓을 들고 하늘에 쓴 한 폭 자존

봄의 핑계

누가 또 울지 싶은 꽃 지는 봄날 오후

불어터진 손면 같은 가슴에 잔을 부어

꽃 진다 핑계를 더해 들쑤시는 아픈 생

숱한 봄이 그렇게 생을 가로지르지만

좀처럼 꽃이 꽃다운 그런 봄 있었던가

괜스레 봄날 뻐꾸기 쉰 목만 탓하고선

없는 번호입니다

목청 굵던 휴일은 벌써 오래전이다

구시장 점포 곳곳 나붙은 임대 매매

고딕체 선명한 한낮 무슨 말을 보탤까

바닥이 아니라고 애써 고개 저어도

풀 죽은 목소리에 벌써 눈치챌 뿐

더딘 발 무거운 어깨 그게 어찌 네 탓인가

그래도 며칠 뒤면 조금은 나아지겠지

괜찮나 하 궁금해 번호 하나 누르는데

한참 뒤 기계음 소리 "없는 번호입니다"

잘못 누른 번호였나 거듭된 확인의 손

얼마 전 들은 소문만 몇 번씩 되씹는데

팍팍한 일상의 그늘 너무 짙게 깔렸나

호박처럼

그래, 그냥 둘 거야 나무라지 말아줘 좀

아무도 탓하지 마 생긴 대로 살면 되지

세상을 부둥켜안고 둥글게 크는 거야

묵향

시렁 위 곱게 얹은 굽 고운 사발 하나

잘 익은 밥알처럼 푸른 복福 자 눈에 띠네

한 술 떠 복 받으시라 정성 다한 붓놀림

짙거나 옅은 먹을 스미듯 감춘 화폭

속 깊은 이야기도 버겁게 읽어갈 즘

먹 내음 난초 그림자 더해지는 문자향文字香

드라이플라워

그 애들도 나이를 먹을 만큼 먹었겠지

수레에 내 짐 싣고 첫길을 함께 걷던

진달래 하냥 움츠린 오십 년 전 이른 봄

그렇게 피고 지고 잊고 지낸 떠난 세월

흙먼지 뿌연 봄날 그 길섶 다시 걷네

저만치 아지랑이 속 들추이는 이름들

다 마른 꽃묶음에 여태 남은 향기인가

비우기도 버리기도 그저 애젓함이여

자꾸만 곁눈질하는 몇 겹의 저무는 봄

짐

살면서 힘이 들게 짐 져본 날 있었던가

크든 작든 지워진 무게 감당은 늘 내 몫

생목숨 식구란 이름 못 벗을 크나큰 짐

새끼가 짐이라고 죽여 얼린 비정의 아침

새끼 죽여서 그것도 쓰레기봉투에 넣어서 버렸다니
간만에 새끼 낳은 판다의 앙증스러운 모성과
죽은 새끼 등에 업고 연신 살피는 남방큰돌고래까지
제 피붙이 귀하게 여김은 고슴도치도 다르잖은데

먹물 든 생의 한나절 챙겨본 내 몫의 짐

딴 돈 줄게

환자들 넘쳐나던 코로나로 풍진 한때

진료받은 할머니가 체면은 저리 두고
늘 하던 대로 고의춤을 들추더니 돈을 꺼내
풀기 없는 손가락에 침을 툭 뱉어 헤아리는데
그걸 본 간호사가 질겁하며
"할매, 나는 그 돈 안 받아" 하니

할매도 씨익 웃으며 "오냐, 딴 돈 줄게"

대화 4

묵는 김에 손 대접 제대로 받고 싶어

마당에 모이 쪼는 오실 통통* 씨암탉을 뚫어지게 바라보다
"사돈네 닭이껴" 물으니
"개래요**" 하니, 군침 도는 입 다시며 못 알아들은 줄 알고 다시금
"사돈요, 집의 닭이지요?" 하니 역시 대답은 "개래요"라

세상에 닭을 개라니 입만 쩝쩝 다실 뿐

* 동물의 살진 모습을 나타내는 사투리.
** '맞아요'의 안동 사투리.

3부
굽은 것이 살아 움직인다

자작나무에 부쳐

꿈에 만난 귀인貴人이 저렇게 서 있었나

숨 멈춘 시린 가슴 의젓함 눈부시어

가만히 기대어본다 나무 아닌 나무에게

길 위에서
– 차마고도

부르고 싶은 이름 몇 굽이마다 버리다

잊었던 얼굴들 몇 부르듯 또 나타나고

나, 간다 해발 사천 미터 나 버리러 간다

가서 우려내리라 아직 덜 익은 육신

저 부신 설산 아래 신발 닳은 일기 쓰며

보이차 따슨 온기로 온몸 다시 데우리

까마득 그 먼 길 차도 익고 몸도 익어

그리운 이 이름 부르며 세월까지 발효시켜

아득한 벼랑길 목숨 돌아와 등불 켜던 곳

흔적

심양의 겨울밤은 그날처럼 차가웁다

스치는 어느 누구도 알은체하지 않고

삼정목三丁目 근화여관*은 구잇집이 된 지 오래

불러보는 이름이야 늘 우리 곁이지만

떳떳한 한 줄의 역사 그건 눈물이어라

휑하니 뚫린 가슴에 별 하나 다시 품고

* 이육사가 독립운동 시 잠시 머물렀던 곳. 심양 서탑가에 있다.

가을 견적

내 오늘 큰맘 먹고 가을을 견적 낸다

물소리 바람 소리 지는 꽃 타는 단풍

아끼던 만년필 하나 담보 잡혀 사련다

도대체 얼마를 써야 하늘 한 폭 값이 되랴

빈 계절 혼자 메고 복받치는 풀벌레며

그냥도 노을이 배는 강물은 덤으로 줄까

낙과

꽃 핀 봄날 다 모른다
그저 꽃만 보이지

너도 한번 떨어져 봐라
그 마음 어떤지를

죄 없이 떨어져 누운
아득한 봄날의 꽃

달애*에서

굽은 세월의 봄날 내 천川 자로 흐르는 강

먹을 갈듯 나지막이 꽃눈 툭 깨우지만

그 볕살 하도 고와서 이름 석 자 놓쳤다

자네는 보았는가 누가 읽었는가?

비워둔 물 위에다 달이 쓴 숱한 능청

매화꽃 다퉈 피는 날 다시 편 시첩 한 권

* 퇴계의 제자 조목의 월천서당이 있는 마을. 안동시 도산면에 있다.

굽은 것이 살아 움직인다
- 절강리

등 굽고 길 굽고 휘어져 늙은 감나무

여기도 사람이 여태 살고 있었구나

산 냄새 그게 어때서 봄은 아직 더딘데

쓸 만한 것 어렵게 구할 수 있겠지만

웬만하면 있는 그대로 살면 되는가 봐

활처럼 굽은 소식도 쉴 참 먹고 듣는다

더러는 그 길 끝에 허리 굽은 할매네 집

바람벽 무시래기 서걱대며 집 지키고

뻐꾸기 간절한 울음 기껏 고요를 찢네

목판에 깃들다

해서체 몇 구절을 정성 다해 읽는 봄날

칼 지난 새김마다 오롯한 말씀의 뼈

누군가 나무의 무게 천금으로 가늠한 이

결이 획을 만나고 끝내 칼이 낸 큰길

그 길에 곱던 앞섶 툇마루 잔기침까지

문자향 화창한 오늘 사람의 길을 읽다

꽃밥

밥 한번 먹자더니 하마 봄이 다 간다

큰길가 이팝나무 며칠째 밥해놓았는데

뭐 그리 쏘다니는가 뭐 그리 꼭꼭 숨었나

다 식은 그릇 놓고 혼자서 떠는 궁상

그걸 사 능청스레 낮달이 훔쳐보는데

한 술 떠 창밖을 보니 오동꽃 등을 켰네

성진골 벽화마을

여기서 발걸음은 담쟁이보다 느리다

볕살에 기대선 연탄 고요를 말리는 중

바람벽 고지서 몇 장 누구시냐 여쭙다

해 뜨고 지는 것은 여기서도 마찬가지

낮달이 없는 날도 늘 꽃은 피어 있다

물 없는 바다의 고래 온종일 헤엄치는 곳

아버지, 번호를 지우다

가끔은 풀지 못할 퍼즐을 맞추신다

우리가 모르는 누구를 만나시는지

미망의 늪 언저리쯤 아버지 서 계신다

발신도 착신도 없는 지워진 번호 하나

숱한 날 지탱하던 숫자도 잃어버리고

나더러 누구냐 묻는 번호가 지워진 아침

그건 알고 계실까 까마득 지난 시간

나를 업고 건너다 물에 빠진 그 겨울

도무지 이해 안되는 낯선 이름의 시간

암각화를 읽다

어머니 얼굴을 보는 어느 반나절쯤

그릴 수 있는 것들 죄다 떠오른다

한 생의 숱한 길 걸음 촘촘히 그려졌다

그 속에 내가 있고 동생과 아버지도

하나씩 그려 넣은 쓸쓸한 생의 암각화

꼿꼿한 일상의 기억 등 굽은 아흔 근처

산매골 새댁

초례청 목기러기 품고 산 아흔 세월
여태도 울 어매는 산매골 새댁이다
삼십 리 수줍은 버선발 안동 김씨 따님이다

그 버선 볼을 받아 겹겹이 꿰맨 세월
뒤집어 보노라면 맵고 짠 눈물 자국
활처럼 굽은 등허리 펴지 못할 시린 세월

"새댁" 하고 불러주던 동서들 다 떠나고
낮달만 말 붙이는 혼자 된 텅 빈 뜨락
능소화 휘감아 놓은 사설들이 낯익다

가끔은 목이 메는 어제라는 사설 꾸리
감았다 다시 풀고 엮으면 또 한 필 베
볕 좋은 가을 나절쯤 풀 먹여 곱게 널까?

■ 2024년 제10회 한국문학인상 수상작.

선유도 호떡집

무싯날 한낮인데 신선들이 모여든다

너나없이 들르는 곳 주차장 옆 호떡집

감동은 보는 것만으로 다가오지 않느니

바다는 한결같이 보채기 마련이지만

호떡 입에 문 채 누구도 달래지 않아

더 달게 하루 보내려 스케치 바쁜 걸음

후투티에 관한 기억

다 버린 빈 가지에 환생의 그림 한 폭

전생이 궁금하다 머리 위 화려한 관

잊혀진 왕조의 적자 옛터를 찾은 걸까

서둘러 읽다 보면 숨은 눈물 비친다

몇백 년 흘렀는가 모두가 낯이 설다

목이 쉰 오디새 한 쌍 한낮에 그린 화폭

나이테를 보다

땡볕이 연일 쬐는 주민센터 마당 앞

신분증 꺼내 들고 훑어본 생의 증표

저만큼 세월의 더께 활자로 닿는 오늘

챙겨 먹은 밥그릇이 산 하나 이루거늘

감나무 먹이 들듯 먹물 든 이름 하나

켜보고 뒤돌아보면 드러나는 나이테

떫거나 싱거웠던 그 한때 눈물이 밴

짙거나 촘촘해진 아득한 생의 무늬

숫자로 덧씌운 세월 거꾸로 헤는 오늘

처대부다*

예부터 안동 말에 '처대부다'가 있지

시집온 새 새댁이 낯선 부엌 아궁이 불 지피다
그만 앞치마에 불이 붙어, 어쩌지 못할 사이
아랫도리 다 처대부고 사람 하나 버렸다는
가슴 아픈 얘기 전하지

해마다 감꽃 필 무렵 그 할매 제사라지

* '불에 태우다'의 안동 사투리.

그러게 말이야

봄이 고운 담장 아래 웃으세요 자 웃으세요

흰머리에 주름 깊은 얼굴 보며 연신 웃으란다
그제서야 속상한 할머니 자리 벌떡 일어나서

"세상에 영정사진 찍는 게 뭐가 좋아 웃노"

4부

발효 서설序說

발효 서설序說

설익은 것이란 늘 저지르기 마련이다

제대로 될 거라며 잔뜩 손을 보탰지만

한순간 손쓰지 못할 그 낭패를 내 알거니

진작에 꿈꾼다는 건 미련스레 견디는 것

썩거나 버림도 아닌 마냥 삭힘의 시간

불러서 마땅한 이름 그냥 얻지 않았으니

한티재

고요라는 이름 하나 안개 속 촉촉이 젖고

언제쯤 놓친 기억 보일 듯 떠오를 듯

원추리 젖은 몸으로 굽은 길 지키는 때

수비면 본신마을 목소리마저 낮춘다

나 빼고 모든 것이 그냥 참선 중인 듯

떡갈잎 싱그러운 손짓 한 골짝 덮는 시간

거기, 두잔집

동문동 196번지 두잔집을 아시나요

세월 묻은 낡은 유리창 두어 평 남짓 가게

하지만 파전 한 접시 막걸리에 더하는 정성

왜 하필 두 잔일까 일찍부터 음주 제한

비우고 채워감에 주머니를 헤아렸나

고단한 삶의 대화가 벽에 빼곡 절여졌다

저물녘도 그렇지만 더러는 한낮부터

서럽고 막막하고 속상함을 부려놓고

비라도 촉촉이 오면 잔에 마음 푹 젖는

능소화, 늘

지친 건 꽃이 아냐 목마르는 그리움

더는 어쩌지 못할 내 속을 죄다 걸고

뒤틀림 요염한 몸짓 땡볕도 무섭잖은

땀 내음 그믐에도 어슴푸레 달이 떴네

달빛 한 움큼 받은 능소화 보셨나요?

못다 한 당신과 사랑 다시금 나누자며

참 아름다운 시간

그래 몇 달을 참아 이 지경 이르렀나

속 깊은 맏이처럼 안으로만 감추더니

꽃보다 서늘한 감동 만산홍엽 주르륵

모든 게 물들었다 어쩔 수 없는 선택

겁에 질린 하늘마저 멀찍이 피한 입동

더 붉어 절정에 이른 참 아름다운 시간

별리

가보고 맘에 안 들면 집에 돌아올란다

하루 종일 가 있다가 집으로 와야 되나

끝내는
"너 엄마 잘 돌봐라"
더는 말이 없다

모두가 따로 떨어져 잠자리에 드는 시간

잠이 오지 않는다 어찌 주무시는지

식사는
제대로 하셨는지
아버지 언제 오시나요?

풍경, 이팝나무가 있다

이건 아니다 싶은 먼지로 덮인 하루

이팝나무 환한 꽃 덩달아 미워지네

이 환한 세상의 하루 온 종일 네 탓 내 탓

큰길을 건너가도 따라오는 꽃 그림자

아닌 건 아니라는데 말 한마디 건넬 요량

늦은 봄 흰밥 아닌 꽃 저도 목숨인 것을

당신도 그렇지

봄날이 너무 환해 집 청소하다 말고

대뜸 물어본다 "우리 큰애 몇 살이지?"

이런 날 더없이 좋은 주례사가 제격인데

상처

이제야 백부님의 징용 피해 신고서 쓴다

반백 년 지나서 안 사인死因은 두부頭部 관통상

빛바랜 환송 사진 속 젖은 두 눈 떠오른다

숯이 된 기다림 끝 백모님도 남이 되고

여태껏 혼백만은 남양군도* 어디쯤인가

이십 대 꽃다운 청춘 살아 못 오는 이날

아픔도 삭일 만큼 굽어 흐른 근대사近代史지만

절망, 혹은 체념 속 재가 되지 않는 울음

끌 수도 묻힐 수도 없는 우리 깊은 상처

* 일제강점기 태평양전쟁 시 강제 징용 현장.

청령포

세상 떠도는 것 모두가 몸 성할까

뼈 없는 바람이며 틀 없이 흐른 물도

뒤집어 짓이겨 놓고 생목숨 흥정할 바

흐린 동강 언저리 좀먹은 서찰 몇 첩

두견이 목쉰 울음 다 못 읽고 가라앉아

누군가 지키지 못한 원망만 채반 가득

빌미가 더는 없다 다시금 이름 불러

죄 아닌 죄 가려놓고 짐 벗자 우리 모두

적소의 묵은 소나무 여태 말 없는 한낮

순자야 이사 간다

강마을 동네 어귀 허름한 창고 하나

눈에 띄는 손글씨 '순자야 이사 간다'

그늘진 바람벽 한 곁 남은 불씨 타고 있네

몇 해가 지났을까 여태도 남은 글씨

순자도 떠났을까 괜스레 궁금해져

회나무 수척한 봄날 혼자서 쓰는 소설

봄, 대체로 맑고 황사

누가 뭐라더냐 누가 뭐라더냐

열흘 안 된 저 흰 꽃 하마 왜 떨어지노

가려져 근질대는 입 혼자 읽는 주의보

횡단보도 귀퉁이 떨어진 꽃 한 송이

신호가 바뀌어도 바닥 모르는 저 불안

벙글던 한때의 오기 엿보이는 한나절

아프지 말거래이 아프지 말거래이

봄이 짧은 것은 네 탓이 아닌지라

괜스레 까닭도 없이 아픈 날도 있느니

너는, 그렇게 떠나고

"형님, 죄송해요" 전화기 너머 마지막 말

저녁놀 무척 곱던 날 너는 그렇게 떠났다

막소주 한잔 못 한 채 눈물만 가득 붓고

더 늙은 아버지는 갖춰 입고 널 보내고

등 굽은 어머니는 하늘만 바라봤지

어느새 너 간 지 한 달 아직 눈물 남았다

달의 나날

다 닳은 골목 어귀 먼 달이 지켜 섰다

덜 헹군 이야기를 마저 풀고 가라고

천년을 입 다문 달이 오늘 밤 말 건넨다

그믐이거나 초승 때 보름은 또 어떻고

한갓된 저 능청에 함께 엮은 숱한 우화

한 두름 꿰거나 엮어 보란 듯 세상 환하게

시월, 어머니

대추나무 밑에선 굽은 허리도 펴고

호두나무 그늘에선 다 꿰는 집안 제사

청 하늘 받쳐 든 홍시 저도 길일吉日 헤아린다

소주

목젖에 힘이 돋는 어둑한 먹자골목

소주 몇 병 잔이 돌자 살찐 모국어 시간

그렇지 너도 잘했고 나도 잘했어 인마

닳고 버린 구두만큼 나이가 든 것일까

잃어가는 시간만큼 처져가는 어깨마다

어쩌면 약이 될지도 또 한 잔 숙맥처럼

출출함에 대하여

빈속이 출출하다 다음은 제천역이다

스무 살의 차창으로 스며들던 멸칫국물

밤 열차 허기 메우던 십오 분의 굽은 면발

비린 세상의 허기 그게 다 삶의 쓴 약

한 생의 마디마디 뜨신 국물만 아닌데

집 나서 때 굶지 말라 되뇌는 그 말씀

어제, 헌책방

빛나던 한때의 지성 꾸러미로 묶였다

몇 권 들추다 보니
'외할아버지의 귀중한 자료이니 버리지 말고
잘 보관하라'는 당부의 쪽지마저 함께 묶여 보내졌네

지식의 유통기한은 도대체 얼마인가?

검은 것은 글씨요 흰 것은 한낱 종이

구겨져 손때 묻고 갈피에 밴 숨결

켜켜이 쌓인 문자향 낙향한 선비마냥

| 해설 |

살갑고 생동감 있게 응축된 정형시학, 오늘의 서정시조

이경철 문학평론가

삶과 세계와 독자와 감동으로 소통하는 현대시조

 지나온 삶과 세계를 무연히 돌아다볼 수 있으면 얼마나 좋을까? 지금 펼쳐지고 있는 세계와 풍경을 그동안 살아온 삶으로 순연히 바라볼 수 있다면 또 얼마나 좋을까? 강인순 시인의 여섯 번째 시집 『화살나무 곁에서』는 거기에 대한 좋은 답으로 읽힌다.
 이번 시집에 실린 시편들에서는 과거와 현재, 시인과 세계가 무리 없이 잘 소통하고 있다. 지나오고, 지금 보이고, 또 보일 세상과 시인이 소통하고 있다. 언어와 절절히 소통하고 민족 고유 정형시인 시조 양식과 낯익게 소통하기에 독자들과 자연스레 소통하고 있다. 살아보니 우리네 삶과 세상도 이리 애절하게도 아름답다고 감동으로 소통하고 있다.

1985년 《시조문학》에 당선돼 등단한 강인순 시인은 첫 시집 『서동 이후』를 출간한 이래 지금까지 다섯 권의 시집을 펴냈다. 정형시인 시조의 양식을 준수하면서도 음보와 구와 절을 자유자재로 하는 운용의 미학으로 오늘의 서정시학을 자유롭고 깊이 있게 편다는 평을 들어왔다.

"시조라는 형식의 울타리를 의식하면서도 그 속에 오늘을 살아가는 우리의 삶의 문제를 형상화하는 데 주저하지 않고 이러한 시적인 내용을 음보를 바탕으로 자유자재로 재현하며 시적 당김과 늘임의 절묘한 짜임을 맛보는 것이다. 그러나 주변을 둘러보면 정형을 파괴하고 음보까지 무시하면서 시형에 대한 지나친 자기 합리화의 시작 태도는 버려야 할 것이다."

다섯 번째 시집 『사진 한 장』 끝에 실린 「자전적 시론」에서 밝힌 말이다. 기실 정형에 곧이곧대로 갇혀서 답답한 현대시조도 많다. 고리타분한 서정으로 관행적인 시조도 많다. 그런 걸 타파한답시고 정형을 깨뜨리고, 최첨단 의식이라며 시인 자신도 알지 못하는 시상을 늘어놓는 자유시의 그릇된 잘못을 범하는 시조도 부지기수다. 이런 때 시조 시력 40년을 맞아 펴내는 이번 시집에서는 시조 정형을 자유자재로 운용하면서 옛것과 오늘을 동시에 싸안는 오늘의 서정을 펴고 있어 소중하게 읽힌다.

> 지친 건 꽃이 아냐 목마르는 그리움
>
> 더는 어쩌지 못할 내 속을 죄다 걸고
>
> 뒤틀림 요염한 몸짓 땡볕도 무섭잖은
>
>
> 땀 내음 그믐에도 어슴푸레 달이 떴네
>
> 달빛 한 움큼 받은 능소화 보셨나요?
>
> 못다 한 당신과 사랑 다시금 나누자며
> −「능소화, 늘」전문

늦봄 꽃도 다 이울어갈 때 피어나기 시작해 여름 대낮 땡볕도 마다하고 요염함을 뿜어내는 능소화를 소재로 해 두 수로 쓴 연시조다. 그런 능소화를 보며 "목마르는 그리움"을 구체적으로 현재화해 보여주고 있다. '그리움' 은 과거는 물론 미래에도 우리네를 목마르게 할 삶의 알 파요 오메가다. 그래 시의 시제는 영원한 현재진행형으로 나가고 있다.

시의 소재요 대상인 능소화와 시인은 "내 속을 죄다 걸고"라며 일치되고 있다. 그렇게 일치돼 능소화의 요염함을 "땀 내음" 나는 "당신과(의) 사랑"이라는 시인의 체험으로 역동적으로 보여주고 있다.

이렇듯 이번 시집의 좋은 시편들은 너와 나, 대상과 시인이 일치하는 '동일성의 시학'과 지금 이 순간 과거와 현재와 미래가 영원으로 함께한다는 '순간성의 시학'이라는 서정시의 양대 시학을 자연스럽고 생동감 있게 구체화해 보여주고 있다.

더러는 이름하여 사랑 혹은 눈물까지

섣불리 흥정 마라 짧은 봄은 간곡하다

　　낱개로 팔리지 않는 봄 그걸 쫓는 뻐꾸기

　　몸 틀며 새로 돋은 한 풍경 꽃 세상에

　　기운 비석 언저리 개망초 저도 한몫

　　보태어 한때 봄이듯 눈물쯤은 툭툭 털고

　　길 건너 현수막엔 봄맞이 할인 행사

　　들뜨고 웃어야 할 참 환한 봄날인데

　　체한 듯 가슴 쓰린 건 꽃 때문 아니다
　　 -「꽃, 그 너머에」전문

기다림, 그리움 속에만 봄날은 오고 가는 것인가. 막상 봄이 와 흐드러진 날이면 그 속에 뛰어들어 함께하지 못하고, 가고 나면 또 그리워하는 게 봄날이고 우리네 삶의 실상은 아니던가. 그런 아쉬운 봄날의 서정을 "낱개로 팔리지 않는 봄"이라며 생생하게 잡아내고 있는 세 수로 된 연시조다.

마지막 수에서는 "현수막엔 봄맞이 할인 행사"라고 요즘 불경기 현실도 환기하며 "낱개로 팔리지 않는 봄"이라는 아쉬운 봄날 서정의 총화와 자연스레 이어지게 하고 있다. 이처럼 강 시인은 서정과 현실 의식을 절묘하게 결합해 오늘의 서정을 생생하게 일궈가고 있다.

먼지도 별난 하루 화살나무 새순 돋네

제때 맞추지 못한 숱한 과녁 향하는 듯

또다시 팽팽한 봄날 시위를 매만지네

어디로 쏘아댈지 네 맘 내 맘 다르듯이

한낮 치켜든 피켓 살려내라 아우성

　　무수히 쏴대는 화살 닫힌 창을 뚫고 있다
　　 ─「화살나무 곁에서」 전문

　이번 시집의 표제작이다. 시집 전체의 주제를 알 수 있게 하고 또 시집에 실린 시편들을 끌고 갈 힘 있는 작품이라야 표제작에 오를 수 있다. 나뭇가지와 잎이 마치 화살과 화살 깃 같아 '화살나무'로 불리는 데 착안한 이 시에서 이번 시집 주제와 시 쓰는 자세가 그대로 드러난다.

　두 수로 된 연시조 앞 수에서는 인생 자체와 봄날에 우러난 서정적 자세가 팽팽하고 뒤 수에서는 현실 의식과 함께 시 쓰는 자세가 잘 드러나 있다. 황사 먼지 뿌연 봄날, 뿌옇고도 아득한 서정을 붙잡으려 긴장된 시심의 시위를 당기고 있다. 그렇게 쏜 화살들이 마침내 서정의 과녁, 본질을 뚫고 있다는 시론시로 읽히는 시다.

동일성과 순간성의 서정시학이 생동하는 현대시조

내 오늘 큰맘 먹고 가을을 견적 낸다

물소리 바람 소리 지는 꽃 타는 단풍

아끼던 만년필 하나 담보 잡혀 사런다

도대체 얼마를 써야 하늘 한 폭 값이 되랴

빈 계절 혼자 메고 복받치는 풀벌레며

그냥도 노을이 배는 강물은 덤으로 줄까
 -「가을 견적」전문

 마음 시리게 텅 비어가는 가을날의 서정을 참 솔직하면서도 현대적으로 쓴 시다. 두 수로 된 이 연시조 앞 수 중장 "물소리 바람 소리 지는 꽃 타는 단풍"은 가을의 대표적 물목이다. 가을 서정을 자아내는 대상에 대한 감상적 설명 없이 그냥 냉정하게 나열만 해놓고 있다. 그러면서 큰맘 먹고 시를 써보겠다는 것만 제시하고 있다. 앞 수의 이런 냉정한 자세가 서정을 더욱 크고 깊게 하고 있다.

뒤 수에서는 중장에서 "빈 계절 혼자 메고 복받치는 풀벌레"라는 서정적 절창에 이르고 있다. 텅 비어가는 가을 "하늘 한 폭 값"이 아니라 우주적 가을 서정에 고스란히 값하는 가위 신운神韻이다. 이어지는 종장 "그냥도 노을이 배는 강물"도 그렇고.

이런 절창, 신운에 이르렀음에도 시가 전혀 고루하지 않고 새롭다. 서정이 의뭉스럽지 않고 지극히 현실적이고 현대적으로 잘 계산되어 쓰이고 읽혀서 좋다. 자신의 감상에 함몰돼 꾀죄죄하지 않고 통 큰 여유와 해학이 있다. 그렇게 쉽게 쉽게 서정의 과녁을 꿰뚫고 있어 울림도 크다.

밥 한번 먹자더니 하마 봄이 다 간다

큰길가 이팝나무 며칠째 밥해놓았는데

뭐 그리 쏘다니는가 뭐 그리 꼭꼭 숨었나

다 식은 그릇 놓고 혼자서 떠는 궁상

그걸 사 능청스레 낮달이 훔쳐보는데

한 술 떠 창밖을 보니 오동꽃 등을 켰네
　-「꽃밥」 전문

우리네 민족 정서와 우리가 흔히 쓰는 의례적 표현에서 시가 우러나와 공감력이 크다. 이는 서구에서 이입된 자유시에 비할 때 우리 민족 고유의 정형시인 시조의 특장이기도 하다. 하얗고 보슬보슬한 쌀밥 같아서 이름 붙여진 이팝나무꽃과 '언제 밥 한번 먹자'는 친근한 인사말에서 시가 발상되고 있다.

그러면서 늦봄 5월의 서정을 친숙하면서도 깊이 있고 재밌게 펴고 있다. 기다림 속에서만 왔다가 가는 봄, 오동꽃 스러져 가는 노을보다 붉게 피며 초여름으로 넘어가는 5월 서정이 아쉬우면서도 정겹게 와닿는 시다.

그 애들도 나이를 먹을 만큼 먹었겠지

수레에 내 짐 싣고 첫길을 함께 걷던

진달래 하냥 움츠린 오십 년 전 이른 봄

그렇게 피고 지고 잊고 지낸 떠난 세월

흙먼지 뿌연 봄날 그 길섶 다시 걷네

저만치 아지랑이 속 들추이는 이름들

다 마른 꽃묶음에 여태 남은 향기인가

비우기도 버리기도 그저 애젓함이여

자꾸만 곁눈질하는 몇 겹의 저무는 봄
 -「드라이플라워」전문

제목처럼 말린 꽃, 드라이플라워에서 발상된 시다. 어느 봄날 꺾어 말린 꽃이 "몇 겹의 저무는 봄"을 겹겹으로 접어 현재화하고 있다. 그런 말린 꽃을 보며 시인은 50년 전 봄으로 지금 이 순간에 걸어 들어가고 있다. 아니, 지금과 50년 전이 나란히 걷고 있다. 이게 서정의 순간성의 시학이다.

강 시인은 과거에, 추억에만 함몰되지 않는다. 그 추억은 현재진행형으로 나아가고 있다. 그래 감상적이거나 회고적으로 고리타분하지 않고 생생하다. 우리네 삶과 세계가 그러하듯. 지금 우리 눈앞에 펼쳐진 세계, 현전은 지금 이 순간뿐 아니라 과거와 미래도 동시에 응축하고 있지 않은가. 지난 과거와 다가올 미래의 예감의 향기가 마른 꽃에는 묻어나지 않는가.

다 놓친 봄날 오후 기억 찾아 나선 아내

세월 젖은 사연만큼 산길도 굽어 있고

양지 녘 낡고 빈 교실 얼비치는 앳된 이십 대

사월의 사월리에는 그 봄 뻐꾸기 여태 능청

꽃잠 덜 깬 아이들이 받아 적던 그 봄인데

저만치 흩어진 이름 나직이 불러 모은다
 -「사월리의 봄」 전문

앞서 살펴본 시 「드라이플라워」와 함께 한 짝으로 읽히는 시다. 앞 시가 50년 전 시인과 함께했다면 이 시는 그때의 아내를 그리고 있다. 이 시 역시 시인의 기억, 체험에서 진솔하게 우러나며 현재화하고 있어 공감력이 크다.

뒤 수 중장의 "꽃잠 덜 깬 아이들이 받아 적던 그 봄"이 아직도 시인에겐 계속되고 있다. 올봄도 매양 "다 놓친 봄날"이 아니라 수십 년 겹겹이 누적된 봄이고 또 다음에 열릴 봄 아니겠는가. 그런 봄날을 현재화, 서정화하는 것이 또 우리네 가없는 삶의 애절한 아름다움과 깊이를 돌려주는 것 아니겠는가.

인생 역정과 삶의 깊이를 드러내는 서정적 여행 시편

등 굽고 길 굽고 휘어져 늙은 감나무

여기도 사람이 여태 살고 있었구나

산 냄새 그게 어때서 봄은 아직 더딘데

쓸 만한 것 어렵게 구할 수 있겠지만

웬만하면 있는 그대로 살면 되는가 봐

활처럼 굽은 소식도 쉴 참 먹고 듣는다

더러는 그 길 끝에 허리 굽은 할매네 집

바람벽 무시래기 서걱대며 집 지키고

뻐꾸기 간절한 울음 기껏 고요를 찢네
　-「굽은 것이 살아 움직인다 - 절강리」전문

　부제 '절강리'로 보아 굽잇길 걸어 들어가 있는 산골 외진 마을을 여행하며 쓴 시 같다. 여행길서 만난 낯선 마을일 텐데도 우리네 체험과 경륜 그리고 민족의 심성에서 시상이 우러나와 친숙하게 읽힌다.

　그러면서도 "산 냄새 그게 어때서 봄은 아직 더딘데", "뻐꾸기 간절한 울음 기껏 고요를 찢네" 등 응축된 서정적 절창이 시를 더 깊고 고요하게 만들고 있다. 이처럼 이번 시집에는 국내외를 여행하며 쓴 시편들도 많이 눈에 띈다.

　빈속이 출출하다 다음은 제천역이다

　스무 살의 차창으로 스며들던 멸칫국물

　밤 열차 허기 메우던 십오 분의 굽은 면발

비린 세상의 허기 그게 다 삶의 쓴 약

　한 생의 마디마디 뜨신 국물만 아닌데

　집 나서 때 굶지 말라 되뇌는 그 말씀
　　－「출출함에 대하여」전문

　앞 수 초장부터 기차 여행을 하며 허기를 느낀 순간을 짧은 단문식으로 기술해 놓고 있다. 그 순간에 시가 진행되며 인생 역정도 서정적으로 농축돼 들어오고 있다. 음보와 구절의 운용도 정형의 틀에 갇혀 답답하거나 일률적이지 않고 산문식으로 자유롭다. 이게 강 시인 시조의 특장이다.
　"밤 열차 허기 메우던 십오 분의 굽은 면발"의 기억은 시인의 연령대에서는 친숙할 것이다. "집 나서 때 굶지 말라 되뇌는 그 말씀"은 우리 민족 심성의 입버릇일 것이고. 그래서 강 시인의 시편들은 농축된 인생 역정의 서정시이면서도 역동적 현재성으로 긴장감 있게 공감력을 확산하고 있다.

고요라는 이름 하나 안개 속 촉촉이 젖고

언제쯤 놓친 기억 보일 듯 떠오를 듯

원추리 젖은 몸으로 굽은 길 지키는 때

수비면 본신마을 목소리마저 낮춘다

나 빼고 모든 것이 그냥 참선 중인 듯

떡갈잎 싱그러운 손짓 한 골짝 덮는 시간
—「한티재」전문

 제목 '한티재'는 경북 영양에 있는 고개 이름이다. 그런 산 고개를 넘으며 쓴 시다. 산안개 자욱한 고개의 풍경들을 보며 "나 빼고 모든 것이 그냥 참선 중"이라고 했는데 시인 역시 참선하는 마음으로 쓴 시 같다. "떡갈잎 싱그러운 손짓 한 골짝 덮는 시간"이란 지금 이 순간의 풍광, 현전을 그대로 보여주고 있으니. 그러면서도 그 현전의 순간에는 "언제쯤 놓친 기억"도 다 떠오르고 있지 않은가. 모든 것을 지금 현재 있는 그대로 보여주면서도 그런 현전의 풍광과 마음은 전생 후생 구분 없이 아득히 시공을 뛰어넘고 있으니. 그래서 시와 선은 같다는 '시선일여詩禪一如'라는 말도 나오지 않았겠는가.

부르고 싶은 이름 몇 굽이마다 버리다

잊었던 얼굴들 몇 부르듯 또 나타나고

나, 간다 해발 사천 미터 나 버리러 간다

가서 우려내리라 아직 덜 익은 육신

저 부신 설산 아래 신발 닳은 일기 쓰며

보이차 따슨 온기로 온몸 다시 데우리

까마득 그 먼 길 차도 익고 몸도 익어

그리운 이 이름 부르며 세월까지 발효시켜

아득한 벼랑길 목숨 돌아와 등불 켜던 곳
 ─「길 위에서 - 차마고도」 전문

  높고 험한 벼랑길 차마고도를 걸으며 쓴 시다. "해발 사천 미터 나 버리러 간다"는 구절에 명백히 밝히고 있듯이 시에도 선禪이 짙게 묻어나 있다. 나도 버리고 그리운 이름도 버리러 가서 쓴 선시풍 시인데도 이 시는 절대 선이 아니다. 선은 해탈, 적멸寂滅에 이르려는 종교이고 시는 끝끝내 사람 사는 정을 떠나서는 안 되는 예술이기 때문이다. 하여 위 시도 마지막 수 종장에서 "아득한 벼랑길 목숨 돌아와 등불 켜던 곳"이라 맺고 있지 않은가. 백척간두 벼랑길에서 목숨 내걸고 나가야 해탈인데 시인은 돌아와 생명, 목숨의 등불을 켜야 하는 것이다. 그런 등불로 우리네 삶의 가없는 깊이와 애절한 아름다움을 밝혀주는 게 시 아니던가.

그리운 것 죄다 부르는 북방의 초가을 날

똑같다 낡은 한국 버스 시장터 고려인들

세월도 감춰둔 상처 구절초로 피는 오늘

들을수록 볼수록 마음 아픈 이곳저곳

낯선 듯하면서도 말 붙일 듯한 거리

먼 조상 마른기침 소리 눈물 섞여 들린다
 -「북방의 구절초 - 연해주에서」전문

 한반도와 연해 있는 만주나 연해주에는 우리 민족이 많다. 일제강점기에 고조선과 고구려의 고토였던 그곳으로 이주한 사람들이 많기 때문이다, 그들은 또 옛 소련 시절 중앙아시아 곳곳으로 쫓겨나 살고 있기도 하다. 그런 아픈 역사를 위 시는 "세월도 감춰둔 상처 구절초로 피는 오늘"이라 서정화하며 그런 한을 개인화, 보편화해 공감력을 더 넓고 깊게 하고 있다. 이렇게 시인은 여행을 하면서 "낯선 듯하면서도 말 붙일 듯한 거리"라며 낯선 풍물을 우리 것으로 익숙하게 구체화해 서정을 펴나가고 있다.

  이번 시집에 실린 여행 시편들은 주마간산식으로 낯선 풍물을 그린 게 아니라 시인의 체험과 경륜에서 서정적으로 우러나고 있다. 해서 여행이 인생 역정이고 삶의 깊이이고 서정임을 보여주고 있다.

자재로운 정형 운용과 응축된 말맛의 살가운 서정

  예부터 안동 말에 '처대부다'가 있지

  시집온 새 새댁이 낯선 부엌 아궁이 불 지피다
  그만 앞치마에 불이 붙어, 어쩌지 못할 사이
  아랫도리 다 처대부고 사람 하나 버렸다는
  가슴 아픈 얘기 전하지

  해마다 감꽃 필 무렵 그 할매 제사라지

−「처대부다」전문

　제목처럼 '처대부다'라는 안동 지방 사투리 말맛에서 발상된 시다. 각주에 따르면 '처대부다'는 '불에 태우다'라는 뜻. 그런 뜻이 전하는 이야기를 음담패설처럼 재밌게 전하고 있으면서도 "가슴 아픈 얘기"라 하고 있다. 짙은 녹색 치마 같은 이파리 속에 감춰져 피는 감꽃은 에로틱하면서도 아무래도 슬픈 이야기, 추억들을 담고 있을 것 같기 때문일 것이다.

　위 시는 평시조에 비할 때 중장이 길어진 사설시조. '사설'이란 말이 붙은 만큼 사설, 재밌는 이야기가 따르고 있어 산문식으로 나가는 게 사설시조의 일반적 기사법이다. 그런데 위 사설 부분에서 행을 나누고 있다. 위 시뿐 아니라 이번 시집에 실린 사설시조 사설 부분에선 대부분 행을 나누고 있는 게 특징이다. 주저리주저리 길게 나가는 사설을 행을 나눔으로써 그만큼 응축시키고 또 독자들이 읽기 쉽게 하기 위해서일 것이다.

　봄이 고운 담장 아래 웃으세요 자 웃으세요

흰머리에 주름 깊은 얼굴 보며 연신 웃으란다
그제서야 속상한 할머니 자리 벌떡 일어나서

"세상에 영정사진 찍는 게 뭐가 좋아 웃노"
-「그러게 말이야」전문

  시골 노인들 영정사진 찍는 장면 한 컷을 재밌고 선명하게 잡고 있는 시다. 위 시도 중장이 늘어난 사설시조다. 늘어났는데도 딱 한 행만 더 늘릴 정도로 압축하고 있다. 그러면서도 초·중·종장은 물론 제목도 기승전결로 속도감 있게 맞물리며 영정사진 찍는 장면과 그 속내를 가감 없이 재밌고 한스럽게 전해주고 있다.

  이처럼 단시조는 물론 연시조, 사설시조로 나가면서도 강 시인은 지극히 압축, 정제하며 짧은 시 본디의 맛을 잘 우려내고 있다. 무엇보다 민족의 정서가 밴 시조 특유의 해학으로 즐거우면서도 서러운 삶의 속내를 붙잡는 여유로움을 보여주며 시의 맛을 더하고 있다.

  강마을 동네 어귀 허름한 창고 하나

눈에 띄는 손글씨 '순자야 이사 간다'

그늘진 바람벽 한 결 남은 불씨 타고 있네

몇 해가 지났을까 여태도 남은 글씨

순자도 떠났을까 괜스레 궁금해져

회나무 수척한 봄날 혼자서 쓰는 소설
 −「순자야 이사 간다」 전문

"순자야 이사 간다"는 분명 "손글씨", 바람벽에 붙은 문자이지만 문어체가 아니라 우리가 흔히 말하는 입말, 구어체다. 강 시인의 좋은 시편들은 하도 많이 써 다 닳고 고리타분한 문어체가 아니라 구어체로 나가고 있어 살갑다. 그런 살가운 언어들로 민족 전래의 서러운 이야기들을 흘러나오게 하고 있다.

그런 이야기가 못내 아쉬워 한 수 더해 두 수로 나가고 있는 연시조다. 그러나 앞 수 종장 대신 뒤 수 종장을 갖다 놓고 단수로 응축한다면 독자들에게 더 자유롭고도 긴 소설을 쓰게 하며 강 시인 특유 응축의 묘미를 한층 잘 살릴 수 있을 것도 같다.

    목젖에 힘이 도는 어둑한 먹자골목

    소주 몇 병 잔이 돌자 살찐 모국어 시간

    그렇지 너도 잘했고 나도 잘했어 인마

    닳고 버린 구두만큼 나이가 든 것일까

    잃어가는 시간만큼 처져가는 어깨마다

    어쩌면 약이 될지도 또 한 잔 숙맥처럼
    −「소주」 전문

  평생 술로 시를 빚다 간 천상병 시인은 시「주막에서」에서 "할머니 한 잔 더 주세요/ 저녁 어스름은 가난한 시인의 보람인 것을"이라고 읊었다. 위 시에서도 그런 술맛, 시맛이 그대로 읽힌다. 저녁 어스름 술집 골목에 목젖, 술젖에 힘이 돋고 있지 않은가. 살림에, 회한에, 나이에 자꾸만 처져가는 어깨를 다시 일으켜 세워주는 술, 시, 얼마나 좋은가. 지나온 모든 삶 다 괜찮다고 위무해 주고 있지 않은가.

강 시인의 시편들은 추억에만 빠지지 않고 서정의 시제인 영원한 현재진행형으로 나아간다. 그래서 회고조로 고리타분하지 않고 생생하다. 자신의 감상에 함몰돼 꾀죄죄하지 않고 통이 크다. 우리 민족 고유의 정서가 밴 시조 특유의 해학으로 즐거우면서도 서러운 삶의 속내를 붙잡는 여유로움을 보여주며 시와 삶의 맛과 깊이를 더해주고 있다.

이렇게 시인은 물론 독자들을 위무해 주는 것이 우리 시대에도 여전한 시의 효험 아니겠는가. 응축돼 있으면서도 해학과 여유가 넘치는 서정으로. 이렇게 살가운 오늘의 서정시조를 계속 보여주시길 바란다.

화살나무 곁에서

—

초판 1쇄 2025년 8월 13일
지은이 강인순
펴낸이 김영재
펴낸곳 책만드는집

—

주소 서울 마포구 양화로3길 99, 4층 (04022)
전화 3142-1585·6
팩스 336-8908
전자우편 chaekjip@naver.com
출판등록 1994년 1월 13일 제10-927호
ⓒ 강인순, 2025

—

* 이 책의 판권은 저작권자와 책만드는집에 있습니다.
* 이 책 내용의 전부 또는 일부를 재사용하려면 양측의 동의를 받아야 합니다.
* 잘못 만들어진 책은 구입하신 서점에서 바꾸어 드립니다.
* 이 책은 경상북도와 경북문화재단의 '2025년 예술작품지원사업'으로 제작되었습니다.

—

ISBN 978-89-7944-901-3 (04810)
ISBN 978-89-7944-354-7 (세트)